JN409942

울어라 캔디

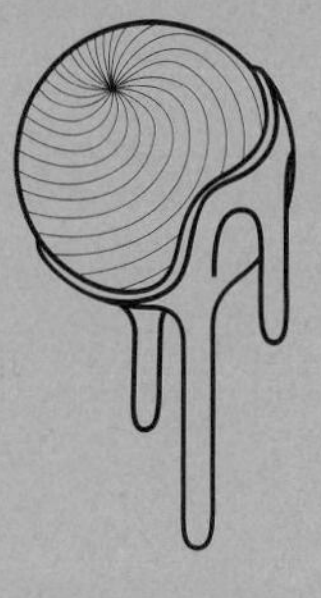

울어라 캔디

초판 1쇄 발행 2017년 11월 24일

엮은이, 펴낸곳 (주)문화지형연구소 씨티알
펴낸이 오창훈
타이핑 박정우

등록번호 제313-2008-160호 (2008. 9. 30)
주소 서울시 마포구 와우산로 24
전화 02 3141 1969
팩스 02 3141 1970
전자우편 info@ctrplus.com
홈페이지 www.ctrplus.com

ISBN 978-89-965397-8-0 03810
값 9,000원

© 문화지형연구소 씨티알 2017
이 책의 판권은 저작권자와 문화지형연구소 씨티알에 있습니다.
서면 동의 없는 무단 전재 및 복제를 금합니다.

울어라 캔디

도마

곽푸른하늘

안홍근

최고은

불나방 스타 쏘세지 클럽

갤럭시 익스프레스

크라잉 넛

울어라 캔디

차 례

도마

자리가 안 나네

문 닫는 소리에 놀라 나가보니
내가 만든 노래들이 화를 내며 팔짱을 끼고 서있네
그 중에는 처음 보는 얼굴도 있었네

깨부수는 소리에 놀라 나가보니
내가 만든 그것들이 침을 뱉고 인상을 쓰며 서있네
그 중에는 쌍둥이도 있었네

집안에 있는 의자를 모조리 꺼내도 자리가 안 나네
좁은 방구석을 다 내어줘도 자리가 안 나네
소식 듣고 출발했다는 데도 자리가 안 나네

그 중에는 진짜로 처음 보는 얼굴도 있었네

황제 펭귄이 겨울을 나는 법

지구의 어느 모퉁이엔
태양이 비춰도 도저히 녹질 않는 마을이 있대
서로 껴안지 않으면 살 수가 없는
극단적인 마을이 있대
그런 곳에 가야만 알겠니
그런 곳에 가야만 알겠니

멀리서 보이는 부러운 저 작은 섬은
하나의 포옹이 포옹으로 모여 만든 검은 뭉치
하얀 바람이 불어와 우리를 떼어 놓으려 해도
토실토실한 엉덩이로 이겨 낼 수 있어
우리의 토실토실한 엉덩이로 이겨 낼 수 있어

하얗고 보드라운 알을 품고
서리가 내려앉은 입술로
하얗고 보드라운 알을 품고
서리가 내려앉은 입술로

멀리서 보이는 부러운 저 작은 섬은
하나의 포옹이 포옹으로 모여 만든 검은 둥지
하얀 바람이 불어와 우리를 떼어 놓으려 해도
토실토실한 엉덩이로 이겨 낼 수 있어
우리의 토실토실한 엉덩이로 이겨낼 수 있어

겨울

꽁꽁 얼은 땅 위에 더러워진 구둣발
새하얀 입술로 사랑을 노래하네
큰 구름 껴안고 잠들고 싶어라
앙상한 겨울나무 불러주는 자장노래 들으며

계절은 끊이질 않고 다시 왔는데
변한 것이 있어요 너와 나, 우리
한 층 따듯해질 봄날이 올까요
한 층 따듯해질 봄날이 올까요

꽁꽁 얼은 내 맘 쾅쾅 부수고 들어와요

나를 위로해주던 풍경

아무도 듣지 못 할 새벽의 울먹임은
내 이불 속에 차 있네 눅눅한 온기

나를 위로해주던 운동장 너머의 산
말을 많이 하면 낙엽과 물 묻은 흙냄새

나를 위로해주던 풍경들은 다 그대로 있을까
내 노래들, 내 노래들은 어디로 가는 걸까

작은 소리에 잘 수가 없는 새벽
내 이불 속에 차 있네 눅눅한 온기

나를 위로해주던 밤에만 피는 꽃향기
발가락을 따라오는 파도의 물거품

나를 위로해주던 풍경들은 다 그대로 있을까
내 노래들, 내 노래들은 어디로 가는걸까

나를 위로해주던 풍경들은 다 그대로 있을까
내 노래들, 내 노래들은 어디로 가는걸까

오래된 소설을 몸으로 읽는다

오래된 소설을 몸으로 읽는다
문장과 문장 사이 뛰노는 조랑말 잡으러
이 밤에 어딜 간단 건가요
이 밤에 어딜 간단 건가요

바다를 걷고 타는 모닥불 앞에서
내가 챙겨 온 비옷과 거짓말

오래된 소설을 몸으로 읽는다
문장과 문장 사이 뛰노는 조랑말 잡으러
이 밤에 어딜 간단 건가요
이 밤에 어딜 간단 건가요

바다를 걷고 타는 모닥불 앞에서
내가 챙겨 온 비옷과 거짓말
바다를 걷고 타는 모닥불 앞에서
내가 챙겨 온 비옷과 거짓말

우린 같은 선 위에서 뛰거나 걷기만

섬집아기

나만 아는 오솔길 마른 흙길 따라
비밀을 흘리며 걸었네
몇 번 씩이고 신발 끈을 고쳐매면서
더듬, 더듬, 더듬 갔다네
아무도 없을 작은 외딴 섬에서
누군가를 만나 깜짝 놀라고 싶어
네게도 보여주고 싶지만 사진 한 장 찍질 않았네

나만 아는 그 바다 파란 바람 따라
비밀을 흘리며 걸었네
아무도 없을 작은 외딴 섬에서
누군가를 만나 깜짝 놀라고 싶어
깜짝 놀라고 나면

나만 아는 오솔길 다신 못 보게 될까
나만 아는 그 바다 다신 못 보게 될까

무제

문이 열리는 소리가 난 것 같은데
자꾸 몇 번씩, 방금 또 다시
몸에서 적당한 열이 나고
지금 나를 안기 좋은 상태입니다

당신이 무슨 짓을 한 건지 보세요
이제 쓴 것은 쳐다보기도 싫어요
상냥하게 대해주세요 옳지, 옳지 하면서요
그런데 정말 오는 게 맞나요?
문이 자꾸 열렸다 닫히잖아요

우리가
그렇게 말했나 그렇게 말했나
그렇게 말했나 그게 그 말이었나
괜한 글을 해석하지 마세요

방파제

도망 다니다가 주저앉은 방파제
숨기 좋게 생겨서 눈물이 났네
바람이 많이 불었고 보름달이 떴었나 없었나 그 밤에

등대 불빛이 여기까지 닿진 않지만
어둑해진 바다가 반짝반짝 반짝반짝

바람 냄새 나는 그냥 코를 들이밀었네
가벼운 농담을 마시며 기분 좋게 취한 밤
멀리서 들리는 사람들 소리
니가 울던 냄새
낡은 밤바다에서 마음을 겹겹이 개입고

우리는 머리가 아팠잖아요

휘파람

너의 휘파람을 먹고
너의 하품으로 노래를 부르지
휘파람을 먹고
너의 하품으로 노래를 부르지

오늘 밤엔 신호등이 바뀔 거야
드디어 너는 돌아갈 수 있어

담배 피우는 네 모습이 좋아
너를 살아가게 하는
것들 중 하나겠지
나는 그저 마주 앉아
휘파람이나 받아먹고
너의 하품으로 노래를 부르지

오늘 밤엔 신호등이 바뀔 거야
드디어 너는 돌아갈 수 있어

담배 피우는 네 모습이 좋아
너를 살아가게 하는
것들 중 하나겠지
나는 그저 마주 앉아
휘파람이나 받아먹고
너의 하품으로 노래를 부르지

이것이 정신병인지 사랑인지

이유도 없이 나는 섬으로 가네

멀리멀리 가던 날
데려온 노래는 들리지도 않고
날아오를 듯이 가볍다가
고갤 떨구면 가장 낮은 곳으로

이유도 없이 나는 곧장 섬으로 가네
기다리는 사람도 없는 섬으로 가네
조심하며 걸어도 발소리는

아무도 없이
개만 운다

코스트코 데킬라

우리가 해왔던 것들은 죄다 사랑이고
늙지 않는 노래를 찾아 듣네

편한 옷으로 갈아입고 어서 여기 앉아
너도 편한 옷으로 갈아입고 어서 여기 앉아
아직은 지치지 않았어 나
아직은 지치지 않았어 나

누구나 말 못할 밤은 있지만
이젠 중요하지 않다고 봐
있지도 않은 말은 하지 마
오늘을 노래로 만들 거야

소녀와 화분

화분의 꽃이 웃을 만큼 맑은 날
왠지 나 혼자 울상인 얼굴을 짓네
그 때 한 소녀가 내게 친절히 다가와
슬픔을 집에 가두지 말고 풀자고 했다

슬픔은 저기 골목 끝까지 갔다가
내가 부르면 다시 달려오고
슬픔은 저기 시장통에 구경 갔다가
밥 짓는 냄새에 돌아오지

축축이 비 내리는 거리를 보며
앙다문 마음속엔 걱정만 많아
그 때 한 소녀가 내게 친절히 다가와
슬픔을 집에 가두지 말고 풀자고 했다

슬픔은 저기 골목 끝까지 갔다가
내가 부르면 다시 달려오고

슬픔은 저기 시장통에 구경 갔다가
밥 짓는 냄새에 돌아오지

슬픔을 집에 가두지 말고 풀자고 했다
슬픔을 집에 가두지 말고 풀자고 했다

초대하지 않아도 찾아와주는 것들에게

물렁해져 못 먹게 된 과일처럼 축 처진
쓸모없는 아침에
읽기로 한 책들과, 보기로 한 영화들은 쌓여서
보기도 전에 질렸네
씻지도 않은 얼굴로 거울만 노려보다가
창문으로 보이는 반쪽짜리 하늘이 보기 드물게 맑아

활기찬 사람들 목소리 담 넘어 구름 넘어
기분 좋게 들리네
가만히 앉아서 한 것도 없이
아이의 웃음소리를 선물 받았네

노래가 되지 못한 어제를 떠올리며 한참을 뒤척였네
만나기로 한 사람들과, 가보고 싶던 장소는
뿌옇게 흐려 져버렸네

씻지도 않은 얼굴로 거울만 노려보다가
창문으로 보이는 반쪽짜리 하늘이 보기 드물게 맑아

활기찬 사람들 목소리 담 넘어 구름 넘어
기분 좋게 들리네
가만히 앉아서 한 것도 없이
아이의 웃음소리를 선물 받았네

초대하지 않아도 찾아와주는 것들에게
초대하지 않아도 찾아와주는 것들에게
초대하지 않아도 찾아와주는 것들에게
초대하지 않아도 찾아와주는 것들에게

최고은

봄

1.

둥지 잃은 새의 울음소리

Silence! One day you will come and I will come.

허공의 음표 되어 알리네

Silence! One day we will find.

우리는 서로에게 왜 숲이 아닌 가
무심하게 지나쳐 온 너의 노래
우리는 서로에게 왜 숲이 아닌 가
어느 누군가 멀리 있는 봄

It's between us.

2.

홀로 남은 새의 울음소리

Silence! One day we will find.

우리는 서로에게 왜 숲이 아닌 가
무심하게 지나쳐 온 너의 노래
우리는 서로에게 왜 숲이 아닌 가
어느 누군가 멀리 있는 봄

It's between us.

모래가 된 말

너의 말들이 모래가 되어
맡은 집을 잃고 거리 위를 흩날리네

넌 언제나 낯선 하나의 세상
사라져가는 우리, 우린 XXXY

I am dancing in the rain,
Just waiting the morning to come .

나의 얼굴이 너를 지웠을 때
그 때 너에게 들려 올 이 노래.

I can't spend the whole day,
Just waiting the morning to come.

결국 우리는 우리가 될 수 없었네.

Beautiful as you are

거리엔 추억이 사라진 건물
하나의 표정을 지닌 사람들

우린 매일매일 가득 채우려고
시간 속에 사라지지 않게

I don't wanna stay but need to turn around.
모두 흩어지는 어제의 기억 마음에 깃드는 말은,

"You are so beautiful."

불나방 스타 쏘세지 클럽

이발사 대니얼

돌아라 돌아라 돌아라 돌아라 끝없는 나선형으로
그것은 나를 궁지로 몰아넣는 미지로의 여행
문이 열리면 울리는 작은 종소리에
고독을 애써 감추고 가위를 든다

뜨거운 스팀 타올과 능숙한 나의 면도 솜씨에
어느새 잠이든 너의 짙은 구레나룻
돌아라 돌아라 돌아라 돌아라 환풍기 너머로
푸른 하늘빛이 눈이 부시다

미안해 너의 귀를 자른 건 단지
걸리적거리기 때문이었어
미안해 너의 귀를 자른 건 단지
걸리적거리기 때문이었어

검은 머리칼 사이로 흐르는 붉은 피로
나의 흰 가운은 붉게 물들겠지.

너의 얼굴이 비치는 거울엔 붉은 꽃이 피어
나는 허리를 숙여 너의 귀를 돌려주며
진심으로 사죄를 한다.
"이발비는 내지 않아도 좋아"

인간대포쇼

포신을 올려라 저 하늘 건너편을 향해
폭약을 채워라 저 하늘 부숴버릴 만큼
작은 터널 속에 꼼짝도 할 수 없는
너무나도 외롭고 고독한 시간이 흘러
어둠 끝 작은 빛을 늘 동경하던 하늘을
이제야 날아 오르게 되었다

도화선을 태워라 모두의 가슴이 애 닳도록
북소리를 울려라 모두의 심장이 고동치게
아무것도 생각하지 않았었던
이도 저도 아니었던 내 일상은
사람들의 환호에 취해 나도 몰래
더 큰 포신에 몸을 맡기게 되었다

섬광은 눈 부시고 폭음에 놀라
몸을 가눌 수 없는 짜릿한 속도로
누구보다 높이 올라 귀를 막으며
꿈꾸듯 황홀한 안식을 느끼네

나는 알고 있어 잠시 정지해
마지막 포물선 끝이란 걸
이제 여기까지 오른 영광만큼
초라하게 추락하는 나의 마지막 쇼
하늘만 바라보고 날아왔지만
착륙할 곳을 찾지 못했네
떨어지는 나를 우연히 보게 되면
모른 척 해주겠니

고독사

나의 안부를 묻지마오 나의 안부를 묻지마오
우리 서로 말 섞은 지 얼마 되지 않은 사이 당신은
어느 순간부터 말이 짧아졌어
나는 당신을 모르고 당신은 나를 알 리 없잖아
근데 언제 봤다고 내 앞가림까지 궁금한 거야
나의 안부를 묻지마오 나의 안부를 묻지마오
그냥 할 말이 없어서 형식적인 어색한 이 자리가
불편해 그냥 흘리듯이 얘기하는 것이라 해도 이제
다시 나에게 묻지 말아줘
그냥 할 말이 없어서 형식적인 어색한 이 자리가
불편해 그냥 흘리듯이 얘기하는 것이라 해도
내 상황 누구보다 잘 아는 너만은 그러면 안되잖아
나의 안부를 묻지마오 나의 안부를 묻지마오

늙 푸른 하늘

읽히지 않는 책

도저히 읽히지 않는 책에
불과한 나는
네가 들여다 볼 때마다
나를 펼쳐 볼 때마다
주인공인 나는
민망하고 부끄러워서
얼른 덮어줬으면 했어

나는 네가 쉬지 않는 공휴일
오늘 아침 떨어트린 머리카락
너의 창문에 말라붙은
빗방울 물 자국
기억하지 않는 어젯밤의 꿈

어디서 들어본 적 있는
이야기인 나는
네가 지루해 할 때마다
흥미를 잃어 갈 때마다

뻔한 결말인 나는
민망하고 부끄러워서
들켜지는 게 힘들었어

나는 네가 쉬지 않는 공휴일
오늘 아침 떨어트린 머리카락
너의 창문에 말라붙은
빗방울 물 자국
기억하지 않는 어젯밤의 꿈

우린 하루 종일 만나고도
함께하지 못하고 따로 떨어져

할 수 있을 만큼 할 줄 아는 우리는 스스로
만족을 잊고 오랫동안 쌓아 올리면

네가 세운 탑은
내가 만든 벽과 맞먹어요
익숙한 곁눈질로 주고 받았어요

져 줄 마음이 없는 것도
지지 않을 자신이 없는 것도
내색 하지 않고
삼키고 말았어요

우린 보이지 않는 깨진 틈에서 흘렀고
남아나지 못하고 새어 나갔어요

나 없는 나

나 없는 나
시간이 아까운 줄 모르고
멋대로 돌아다닌다
불 꺼진 거리
이리저리 왔다 갔다
걷고 또 걷고
나는 어딜 가나
당신과 가 본 적 없는 곳으로

눈 감는다
단 한 개도 새어 나오지 못하게
꾹 삼켜버린다
나는 또 거슬러 올라가
그날로 돌아가
마지막 장면에 다다르면
나는 어지러워
그만 걸음을 멈추고야 말았다

애정 없는 장난

애정 없는 장난에
속아 버렸어
아마 이런 식의 만남은
처음이었을거야
둘도 없는 존재가
되어주지 않았듯이
나는 네게 어떤 것도
되지 못하는 거잖아

그래 여기까지 해
버릇 들기 전에
딴청 피우지 마
하늘이 알고 내가 알아

너는 어째 좀처럼
너그러워지지 않아
없던 일로 할 여유조차
주고 싶지 않은가 봐

나를 헷갈리게 한
이유가 선명해져
너는 한 번도 날
아껴주지 않았잖아

어떻게 노래할 수 있을까

그날도 이랬었는데
이 시간에 무작정
집을 나와 그 곳으로
한 가지 달라진 건
오늘은 너를 보러 가는 게 아니야

그날 이후로 나는 더 깊어졌고
잊을만하면 너는 내게 일러줬어
도저히 안 되겠다고
사실은 아무것도 들리지 않았어

너의 의사는 중요치 않았어
당연히 내가 먼저니까
이렇게 구는 내가
싫어졌다고 했지만
나만큼 나를
싫어하진 못 했을거야

잠이 들어도 들려
셀 수 없을 만큼 들었던 목소리
너의 눈 밖에 나던 날
어떻게 나는 노래할 수 있을까?

이래도 좋아 저래도 좋아

이래도 좋아 저래도 좋아
뜨거운 한낮의 온기를 머금고
손짓하는 너
누구보다 뚜렷하고도
투명한 색을 가진 너
이토록 탐스러운 널 단숨에 낚아채
한 입 베어 물고파

툭 땅으로 떨어지면
내가 아무도 모르게
내 품 안에 가둬
집으로 데려올 텐데
천진한 얼굴로 내 머리 위에
매달려 있는 너
그래 내가 졌다
이래도 좋아 저래도 좋아

내려와 이제 이리 와 놀자

더 이상 얌전하게 앉아
참아내기 어려울 것 같아
넌 이런 나를 가지고 감히
숨바꼭질을 시작하려 해
그러지 말고 이리 내려와
날이 좋다 잠이나 잘까

한 줄도 쓰지 않았어요

이제 와서 내가 무엇을 더 바래요?
애꿎은 시간을 다 쏟아버렸는데
들려줄 이야기가 없는 걸 보니
두 눈만 끔뻑이고
앉아 있던 내 탓이잖아요

다시 돌이켜보니
하고픈 일도 참 많았어요
부르고 싶은 것도 많았고요
그러나 난 한 줄도 쓰지 않았어요

사실은 나, 난 말야
어떻게 되든 상관없어요
정말이지 난 말야
아무짝에도 쓸모없어요

이런 생각에 한동안 잠겨 있다가
이마저도 지겨워 덮어뒀다가

웃고 있어도 난 웃고 싶지가 않아
음 어딘가 잘못된 거야

그러다 조금씩 무뎌지고
아무도 모르게 다시 추스리고
텅 빈 가방을 움켜쥐고
문을 열고 밖으로 나가요

멀리 있지 말고 가까이

멀리 있지 말고 가까이
내 옆에 조금만 더
오래도록 눈을 맞춰줘
내 모든 걸 알고 싶어 해줘
달아나지 마
나 그런 거 싫어하잖아
내게 가까이 와

멀리 있지 말고 가까이
내 옆에 조금만 더
너는 내게 항상 진심을 말해 줘
당연하게 여기지 말아줘
어긋나지 마
나 그런 거 싫어하잖아

그냥 이렇게 오래오래
머무르면 돼

나는 니가 필요해

도무지 알 수 없었어
당신은 무슨 생각을 그렇게 하는지
입이라도 맞추면 알 수 있을까

이미 끝마친 문장을
도로 담고 싶어서
차마 손은 못 잡고
너의, 너의 소매를 붙잡았어

나는 니가 필요해

그냥 말뿐이라도
나는 그거면 됐어
더 바랄 게 없어
처음 보는 그런 표정 짓지 마라
나의 끝과 시작 겉과 속을 모두
너에게 내어줄게

나는 니가 필요해

902동 302호

하루에도 몇 번씩
나의 새로운 표정을 발견해
얼마나 어색한지 몰라
나도 모르겠다 그냥 울어버렸어

우리 집이라고 불렀던
그 곳에 생각 없이 가보곤
얼마나 후회한 지 몰라
나도 모르게
날 가만히 부둥켜안고
그 속에 살았던 날들
하나 둘 생각이 나고
머리가 무거워
발 끝만 쳐다보며 돌아왔어

이젠 나로 살기 바쁘고
누구 하나 돌봐줄 수가 없어
너무 약해 그걸 알고 있어

부서질 것 같은 얼굴이
어디든 함께 해
잔뜩 날을 세우고
나에게 달려오고 있어
나를 베어버릴 거야
찢겨져 떨어져 나갈 거야
다시는 주워 담을 수 없게
쏟아져 흘러내릴 거야

아무것도 할 수 없어서
이불을 머리 끝까지 덮었어

가까워지는 시간

눈 앞을 벗어난 그림자 발걸음 빠르게
쫓아오지 말란 뜻인가 아님
놓치지 말란 뜻인가
원하는 대로 해준다 해도
기어코 넌 내게 등을 지고

허튼 짓 안 할 거 알잖아
거슬리게 하지도 않을게
이렇게 타일러 보아도
넌 조금도 아쉽지 않잖아

가까워지는 시간보다
멀어지는 시간이 더
빠르다고 멀어지지 마
너 혼자 앞서 생각하고
함부로 넘겨짚지 마
나만 두고 다니지 마

애써 매달아두어도

보란 듯이 거듭가 버리고
고개를 세차게 돌려도
기어코 넌 내게 등을 지고

열꽃

너는 그림을 따서
띄워 놓은 것 같아
한 발짝 뒤로 물러서서
감상할 가치가 있어
내심 궁금해
너도 언젠간 바래지 않을까
아니다 됐다
그도 그대로 어여쁠 거야

열꽃이 펴요
발 끝부터 머리 끝까지
옛날 이야기처럼
눈 앞이 아득해져요
네 앞에 서면 난 꼼짝을 못해요
깨진 틈으로 스며들고 싶어요
어쩌다 보니
하는 수 없이 사로 잡혔어요

조금만 더, 조금만 더
살아 움직여줘요
어떻게 해야
당신과 내가 어울릴까요
그려줄게요 시들지 않는 꽃을
비밀을 알려주세요
불러줄게요 곁에 머물게 할
너의 이름

크라잉 넛

밤이 깊었네

밤이 깊었네 방황하며 춤을 추는 불빛들
이 밤에 취해 흔들리고 있네요

벌써 새벽인데 아직도 혼자네요
이 기분이 나쁘지는 않네요

항상 당신 곁에 머물고 싶지만
이 밤에 취해 떠나고만 싶네요

이 슬픔을 알랑가 모르것어요
나의 구두여 너만은 떠나지마오

하나둘 피워오는 어린 시절 동화 같은 별을 보면서
오늘 밤 술에 취해 마차 타고 지친 달을 따러 가야지

밤이 깊었네 방황하며 노래하는 불빛들
이 밤에 취해 흔들리고 있네요

가지마라 가지마라 나를 두고 떠나지마라

오늘 밤 새빨간 꽃잎처럼 그대 발에 머물고 싶어

딱 한번만이라도 날 위해 웃어준다면
거짓말이었대도 저 별을 따다 줄텐데
아침이 밝아오면 저 달이 사라질텐데
나는 나는 어쩌나 차라리 떠나가주오

하나둘 피워오는 어린 시절 동화 같은 별을 보면서
오늘 밤 술에 취해 마차 타고 지친 달을 따러 가야지

가지마라 가지마라 나를 두고 떠나지마라
오늘 밤 새빨간 꽃잎처럼 그대 발에 머물고 싶어

날 안아줘

5분 세탁

니가 취하고 비틀대고 방황하고 실수해도
똑같은 실수를 반복하고 무너져도
괜찮아 누구나 한번쯤은 바닥치니
죽는단 말 대신 웃는단 얘길 해 봐
고장난 시계도 시간은 흘러가지
앙상한 가지도 봄이 오면 꽃이 피지
청소해 더럽게 어지러운 니 방부터
청소해 축축히 우울해진 머릿속을

괜찮아 괜찮아 잘 될거야
오늘은 살아있네
고장난 시계가 멈췄어도
오늘은 살아있네

같이 걷고 같이 널어 햇볕에
우울한 빨래를 짜내버려
단 한번만이라도 내 인생을
선택해 세탁해 삶은
삶은 세탁이다

레고

나는 방바닥에 굴러다니는
작고 딱딱한 레고 조각이라네
잘못하다 나를 밟아버리면
사람들은 내게 짜증을 내

방바닥을 굴러먹는 쓸모없는 난 쓰레기야!

사실 지금 난 별 볼일 없겠지만
언젠가는 내 친구들을 만날거야
우리들이 서로 잘 끼워 맞춘다면
원하는 건 모든 것이 될 수 있어

원하는 건 모든 것이 될 수 있어 될 수 있어
될 수 있어 될 수 있어

난 기차가 될래 GO! 레고 레고 레고 레고 레고 레
난 공룡이 될래 GO! 레고 레고 레고 레고 레고 레

나는 소파 밑에 숨겨져있는
작고 외로운 레고 조각이라네

어두컴컴하고 먼지만 쌓여
달빛조차 기억나지 않아 외로워

달빛조차 찾지 않는 소파 밑에 난 외톨이야!

사실 지금 난 달 볼일 없겠지만
언젠가는 내 사랑을 만날거야
우리들이 서로 잘 끼워 맞춘다면
이 세상에 부러운건 없지
이세상에 부러운건 하나있지 사랑이야 사랑이야
사랑이야 사랑이야

난 기차가 될래 GO! 레고 레고 레고 레고 레고 레
난 베트맨 될래 GO! 레고 레고 레고 레고 레고 레
난 펭귄이 될래 GO! 레고 레고 레고 레고 레고 레
난 소리칠래! 고래고래 고래고래 고래고래

하늘을 나는 멋진 비행기도 될 수 있고

바다 위에 두둥실 해적선도 될 수 있어
원하는 건 모두 마음 먹은대로
그러니까 다시 시작하는 거야

난 부자가 될래 GO!
난 사랑이 될래 GO! 래고 래고 래고 래고 래고 래
슈퍼 영웅이 될래 GO! 래고 래고 래고 래고 래고 래
우리 오빤 술고래 그래고래 그래고래 그래

래고 래고 래고 래고 래고 래

양귀비

나의 지랄 같은 염병할 인생에
삼라만상에 꼬이고 또 꼬였던
돌아오지 않는 청춘의 여름날
꽃이여 피거라 꽃이여 피거라

몽키스패너가 머리를 때려도
예쁜 아가씨의 머릿결이 스쳐도
눈을 떠보면 차가운 내 길바닥
꽃이여 피거라 비라도 내려라

살아있는 나의 로맨틱 심장에
10번 타자의 외로운 내 방망이
맨날 허구헌 날 찬바람만 때려도
꽃이여 피거라 태풍아 불거라

술에 취한 새가 미친 듯이 날다가
정신 차려보니 태평양 한복판
에라 모르겠다 멋지게 다이빙

꽃이여 피거라 꽃이여 피거라
꽃이여 터져라 그대여 춤춰요

나의 지랄 같은 인생에
돌아오지 않는 청춘의 여름날
나의 꽃 양귀비여 꽃을 피워주오

비둘기

비둘기야 어딜가니 나랑 같이 춤을 추자
비둘기야 어딜가니 나랑 같이 술 마시자

비둘기 비둘기 비둘기 비둘기 비둘기
비둘기 비둘기 비둘기 비둘기 비둘기
비둘기 비둘기 비둘기 비둘기 비둘기
비둘기 비둘기 비둘기 비둘기 비둘기
비둘기 비둘기 비둘기 비둘기 비둘기
비둘기 비둘기 비둘기 비둘기 비둘기
비둘기 비둘기 비둘기 비둘기 비둘기
비둘기 비둘기 비둘기 비둘기 비둘기
비둘기 비둘기 비둘기 비둘기 비둘기
비둘기 비둘기 비 -

비둘기야 어딜가니 나랑 같이 춤을 추자
비둘기야 어딜가니 나랑 같이 술 마시자

비둘기 비둘기 비둘기 비둘기 비둘기

비둘기 비둘기 비둘기 비둘기 비둘기
비둘기 비둘기 비둘기 비둘기 비둘기
비둘기 비둘기 비둘기 비둘기 비둘기
비둘기 비둘기 비둘기 비둘기 비둘기
비둘기 비둘기 비둘기 비둘기 비둘기
비둘기 비둘기 비둘기 비둘기 비둘기
비둘기 비둘기 비둘기 비둘기 비둘기
비둘기 비둘기 비둘기 비둘기 비둘기
비둘기 비둘기 비-

비둘기야 비둘기야 비둘기야 비둘기야
비둘기야 비둘기야 비둘기야 비둘기-

갤럭시 익스프레스

지나고 나면 언제나 좋았어

언제나 지나고 나면 좋았을 테니까 다 괜찮을 거야
이 순간 마저도 때론 그리울거야 항상 그랬었잖아

아름다운 꿈 속으로 도망치는 것 처럼
달려가는 너를 보네
난 아무것도 할 수 없어 이대로 멈춰선 채 널 부르네

우린 아직까지도 기억할 수 있을까 문득 마주친대도
스쳐 지나가버린 흔적 속에 언젠가 우린 알게 될거야

아름다운 꿈 속으로 도망치려 해봐도
다시 언제나 같은 자리야
난 아무것도 할 수 없어 이대로 멈춰버린 것 같아

이젠 알 것 같아 마치 꿈결 같았던 그 순간은
바로 지금 뿐이란 걸
항상 꿈꿔왔던 바로 지금처럼
그래 그렇게 언제나 좋았어

우린 꿈을 꾸고 있었어. 언제나 좋았어.

새벽

먼동이 트는 새벽, 반쯤 잠긴 눈으로
대충 옷을 걸쳐 입고 오늘도 길을 나서네
핏기 없는 얼굴 생기 없는 눈동자
축 쳐진 어깨를 흔들며 멍 빈 거릴 거니네
검게 물든 하늘 아래 나 홀로 걸어가네

짙게 깔린 안개 속을 말 없이 걸어가네
내가 가는 그 곳에서 마주치는 얼굴들
언제나 함께하지만 친구는 아니라네

표정없는 대화 속에 제 모습을 숨긴채
뻔한 대화를 나누며 뻔한 웃음을 짓네
검게 물든 하늘 아래 나 홀로 걸어가네
나 모든 것을 잊은채 말 없이 걸어가네

나의 지구를 지켜줘

나의 지구가 죽어간대 나도 월세 땜에 죽겠는데
나의 지구를 살려야 한대
살릴 땅 한 평도 난 못 샀는데

북극곰 집이 녹아 사라진대
내 집도 재개발로 사라진대
하와이 섬이 사라져 간대
하와이 한 번 가보고 싶은데

자동차 배기가스가 문제래
나는 면허 없는 게 문젠데
해수면 높아져 큰일이 났대
난 휴가철에 해수욕도 못갔는데

차라리 잘 됐어 될 대로 되라지
어차피 이 세상은 내 것이 아니야
차라리 잘 됐어 될 대로 되라지
어차피 내 건 아무것도 없는 걸

차라리 잘 됐어 될 대로 되라지 뭐
차라리 잘 됐어 될 대로 되라지 뭐

차라리 잘 됐어 될 대로 되라지
어차피 이 세상은 내 것이 아니야
차라리 잘 됐어 될 대로 되라지
어차피 내 건 아무것도 없는 걸

요즘 개들은 짖지 않는다

처음부터 어딘가가 불안했었어
뵈는 것이 없을 때는 행복했었어
틀에 박힌 말, 세상의 규칙
지긋지긋한 말들로 날 조여 왔어

TV, 레이디오 아무도 모르게 또 주문을 걸지
PC, 모바일 안 보이는 쇠사슬에 묶여버린 노예
우리 짖어보자 개처럼 짖어보자 왈왈왈

권리보단 의무가 중요했었어
자유보단 책임이 무거웠었어
겸손과 순종, 적응과 타협
말 안 되는 개소리로 포장만 하네

예 - 예이예이예 -
예이예이예 - 예이예이예 - 예
예 - 예이예이예
예이예이예 - 예이예이예 - 예

안홍근

Rewind

어느 만화에 주인공처럼
시간을 되돌릴 수 있다면

아무 걱정 없이 놀던 내게
잘 한다 웃어 주고 와야지

어느 만화에 주인공처럼
시간을 거스를 수 있다면

매일 밤을 술로 지새는 엄마에게
이런저런 말동무가 돼야지

어느 만화에 주인공처럼
시간을 거스를 수 있다면

내게 울며 안기던 그대에게
따뜻한 말 한마디 하고 돌아 서야지

아물지 않은 옛 시간을
보다듬을 힘이 내게 있다면

나도 누군가에게 빛진 사랑
떠 담아 노래하고 싶어라

어느 만화에 주인공처럼
시간을 거스를 수 있다면

내게 맘을 쏟았던 그 눈들을
마음대로 쳐다보며 가야지

그건 사랑

너는 너이길 관두지 못해
떠러는 내 맘에 돌을 던지고
나도 나이길 관두질 못해
떠러는 네 맘에 불을 질러도

빤히 보면은 문득 낯선 얼굴
무엇이 우리를 가깝다 느끼게 하는 걸까?
멀고도 익숙한 네 놀라운 세상
그 아름다움에 고개 숙이리

나는 하나님을 믿지 않지만 구원이 무언지 잘 알아
나는 부처님을 믿지 않지만 기도가 무언지 잘 알아

안개초

한아름 안개초
슬픔보다 아픔이었던
그대는 영원이 아니었네

뒤 돌아보면 그댈
유성 같은 그리움이

태양은 무너져도 찬란한 부재
그대는 이제는 어떤 이쁜 꿈 이쁜 꿈 꾸나
그댈 사랑 않는다, 않는다 말해야하나

이별의 의미를 조금은 알 것 같지만
아직은 어쩔 수 없어 난 널

자장가

이 내 마음은 지옥이요
암상난 주먹, 잡히는 건 나의 피
나의 얼굴은 초라하오
베개에 묻혀 내 영혼을 팔리
자장, 자장, 아가야!
험난한 악몽을 넘어
구원으로 향하는 길
자장, 자장, 아가야!
이곳이 그리웠던 품
사랑을 보고 꿈을 피운다.

상록수

샛 잎 토끼풀이 맘대로
피어나는 그 곳

이 아픈 강을 건너서
그 푸른 언덕을 올라요

비바람 씽씽씽 뜨거운 가슴 앓는 밤
저 훨훨훨 푸르던 솔잎은 지고

아직도 눈물 많은 날 떠나보낼 수 없는,
반딧불이만 밤새워 운다.

안녕

네 손목을 가르던 흉터
웃을 때 깊게 피던 보조개
니 목소리를 입은 내 이름
바람을 뚫고 걷던 작은 키

안녕 그 새하얀 얼굴아
이젠 다시 안을 수 없겠지

안녕 그 예뻤던 가슴아
이젠 다시 만질 수 없겠지

슈바슈바

맑고 투명한 샘물이 깊고 붉은 곳 까지 흐를 때
내 어두운 방을 밝히는 그대 부드럽고 새하얀 몸

마주 본 눈 저편은 도무지
내가 알 순 없는 비밀이어라
언젠간 한 이불을 헤매도
서로를 찾지 못 할 밤이 오겠지

그래도 슈바, 슈바 오늘 밤은
그댈 끝까지 흐르리라
그러니 슈바, 이 시발 오늘밤은
그댈 끝까지 채우리라

맑고 투명한 샘물이 깊고 붉은 곳 까지 흐를 때
내 어두운 방을 밝히는 그대 부드럽고 새하얀 몸

그대 부드럽고 새하얀 몸

홍대 앞에 눈이 내리면

낙낙히 가벼워진 문
그대가 열고 온 틈 너머
어지럽게 웃는 눈발
가랑눈 내리는 풍경

모자 속에 헝클어진
머리카락 뭐가 뭔지
내가 걷는 길 만큼
정처 없이 헤매는 꿈

여기 홍대 앞에 눈이 내리면
보고픈 그대 내게 전화 걸 거야
지금 홍대 앞에 눈이 온다고
사랑하고 싶다고

울어라 캔디

씨방한 똥 좆 가득한 아름다운 도시
그 안에 우린 어차피 다 좆만이
외로웁고 슬프면 울어라 캔디
썩어빠진 가식의 껍데기 엿 줄 시간

너는야 사랑과 평화 나도야 사랑과 평화
우린 다 사랑과 평화 아아

모두 함께 춤춥시다

좋다 야

초록병 찰랑이는 슬픔이 쓴 밤
사슴마냥 고개 젖혀 드는 잔
다른 나라로 떠나야만 한다는 벗
제일 여린 가슴이 웃는 곳

그곳으로 가자 친구야
내 마음이 좋다 야
이곳으로 가자 친구야
내 기분이 좋다 야

날 새도록 서로를 벗겨 보다가
햇볕 묻은 바닥에 붙들려
먼지 많은 저기도 예쁘다 야
이제 창문을 열자 야

그곳으로 가자 친구야
내 마음이 좋다 야
이곳으로 가자 친구야
내 기분이 좋다 야

사랑은 방울방울

서로 마주 보고 죽고 못 살아도
헛갈리긴 매 한가진데
욕심만 많은 많은 많은 내 심보 때문에
모락모락 너를 그리면서 알록달록 웃다가도
사랑이 뭔지 뭔지 뭔지! 하고 발 구르네
맘이 아파 눈물 나면 네가 또 미워 질까 봐
내 발길 여미고
내 사랑에 사금을 걸러 걸러 걸러 또 걸러야지
사랑은 손닿는 데 있는 꽃들로
꽃다발을 만드는 솜씨래

부표도 없는 바다

부표도 없는 바다, 너울 위
태양마저 무너져버린 이 밤
토끼풀 꽃 핀 그 언덕 그 놀라웠던 나라
다시 찾으리 이리 떴는데

지금은 바람 많이 부는 밤
저 등대도 멀고 저 섬들도 멀고 먼 바다
지금은 바람 많이 부는 밤
저 등대도 멀고 저 섬들도 멀고 먼 바다

고향을 떠난 아들을 걱정하시는
어머니가 홀로 잠드실 이 밤
토끼풀 꽃 핀 그 언덕 그 놀라웠던 나라
다시 찾으리 이리 떴는데

지금은 바람 많이 부는 밤
저 등대도 멀고 저 별들도 멀고 먼 바다

지금은 바람 많이 부는 밤
저 등대도 멀고 저 별들도 멀고 먼 바다

엄마찾아 삼만리

별 하나 뜨지 않는 하늘 아래 이 거리
어지럽게 취하는 돈만 빛나는 밤

내 빈 주머니로 네 하얀 손 날아 들 적에
내 눈물도 먼 먼 꿈에 들었네

우린 세상에서 제일 비싼 옷을 입고
먹구름이 흐르는 저 높은 하늘에 서서

한 줌 불빛으로 빛나는 도시를 보며
해 뜰 때 까지 기도를 했네

아 우린 엄마 찾아 삼만 리
아마 만날 수 없을 그 나라

아 우린 엄마 찾아 삼만 리
그래도 함께 가게 해 주오

사랑은 사막

사랑은 사막
저기 지평선 끝엔
마르지 않는 낙원
오아시스가 웃고

그 신기루를 바라보는 나는
가시 돋쳐 발 박힌 선인장

뜨거운 태양이 끓는 낮
길고 멀고 시린 이 어두운 밤

그 모래 바람이 부는 나라
그 시작도 끝도 버린 이 곳
사랑은 사막

비가 오면

비가 오면 네 이름 부르고파
네 이름 부르면 너는 빗속에 잠기네
창 밖에 내 가슴 떠가고
눈을 감으면 너는 환히 웃고 있네

그대여 나를 떠날 순 없나요
나는요 그댈 떠날 수 없어요
그대를 아니 미워 할 방법도
나는요 아직 모르겠어요

안녕 동석이, 안녕 오춘기

닿을 수 없었던 사랑처럼 활짝 핀 하늘의 구름 꽃
다시 올 수 없는 내 여름은 또 하루가 가네
그 많은 눈물과 웃음들 추억으로 지는데
가만히 마음만 부푼 채 나는 또 기타를 드네

돌아선 우리에게 하지 못한 그 말처럼
사랑해 사랑해 꿈같은 우릴 난 사랑해

시와 노래

시와 노래는 본디 하나였다. 글로 읽는 문학으로 독립하기 이전, 시는 태생이 운율을 지닌 음악이었다. 예전 시는 지금 노래가 그렇듯 누구나 쉽게 즐길 수 있는 예술이었지만 읽는 문학으로 자리 잡은 후 대중으로부터 점점 멀어졌다.

지금 사람들은 노래는 편하게 부르고 즐기지만, 문자로 읽는 시는 어려워하고 생경해 한다. 학교에서 시험치기 위해 공부해야 하는 부담스러운 어떤 것으로 생각한다. 노랫말이라고 생각하면 편할 텐데.......

이 책은 엄밀히 말하면 홍대 음악가(나는 이렇게 구분 지어 말하는 것을 좋아하지 않지만, 굳이 정체성을 밝히기 위해 써둔다)들의 멋진 노랫말을 모은 '가사집'이다. 크라잉 넛을 비롯해 많이 알려져 귀에 익은 곡, 글만 읽었을 때 더 감동이 짙은 덜 알려진 곡, 어떤 울림을 줄지 기대가 되는 아직 발표되지 않은 곡 등등 다양한 글들이 실려 있다. 본래 노래를 위해 쓰인 노랫말이고 따로 시로 발표하려고 쓴 글은 아니지만 한 권의 시집으로 손색이 없다. 노래와 함께 들려지지 않아도, 글 그 자체로 훌륭한 시다.

시의 가장 큰 미덕은 함축성이다. 이 노랫말들을 쓰기 위해 음악가들은 밤을 새워 자신의 경험과 생각과 감정을 함축하고 적확한 낱말을 고르기 위해 고심했을 것이다. 오롯이 자기 자신만을 마주한 채 진실하고 내밀한 생각과 마음을 담았을 것이다.

이 詩들을 읽으며 그들이 느낀 사랑과 고통, 환희와 좌절, 깨달음과 혼란을 온전히 느낄 수 있었다. 그리고 눈을 감으면 글과 짝을 이룬 아름다운 노래가 들리는 듯하다.

정원석 음악평론가, 2017년